MIENTRAS VIVÍAS

Historias de acompañamiento al final de la vida

César Cid

KOLIMA BOOKS

Título original: *Mientras vivías*

Segunda edición: Mayo 2017
© 2017   Editorial Kolima, Madrid
www.editorialkolima.com

Autor: César Cid
Dirección editorial: Marta Prieto Asirón
Maquetación de cubierta: Sergio Santos Palmero
Maquetación: Pepa Viel Cortines y David Alonso Mayoral

ISBN: 978-84-16994-17-5

A Valentina,
en cuya sonrisa me sigo mirando cada día.

INDICE

NOTA: Este libro incorpora material extra descargable mediante «bidis», códigos cuyo contenido se puede descargar a través de una aplicación del mismo nombre (bidi) en su *smartphone*. Si no puede obtener este material de esta forma, puede solicitarlo a la editorial al correo kolima@editorialkolima.com y se lo enviaremos.

PRÓLOGO

Resulta muy alentador tener entre las manos una obra que refleja con fidelidad la actitud fundada en la experiencia de quienes saben acompañar con valentía y solidaridad el proceso de morir. Y lo hacen hasta el último aliento de vida del enfermo. Aliento que a menudo está lleno de mensajes plenos, llenos de riqueza vivencial. Nace esta obra en medio de una fortísima corriente impulsada por quienes defienden morir sin consciencia, tolerando a aquellos que se la inhiben, persuadidos de que es el único modo digno de morir. Y ello en aras de una dignidad acuñada a conveniencia.

Este trabajo viene a recordar que hay gente dispuesta a acompañar al que sufre conscientemente mientras, mansamente, este va dejando los últimos retazos de su vida en las manos, los oídos y el corazón de quien le sabe acompañar, atendiendo, asistiendo, cuidando y tratándolo con delicadeza. Sin medir los tiempos. Las manos, los oídos y el corazón de quien entiende que el sufrimiento de quienes mueren para vivir es una experiencia merecedora de un gran respeto subrayado por el esfuerzo. Cada vez parecen ser menos quienes pueden entender que la intervención médica aquí ha de ser moderada, solo para apuntalar delicadamente la importante fase final de esa vida y permitir terminar dignamente su historia vital a quien yace postrado. Solo así estaremos seguros de haber sabido tolerar que esa persona pueda haber alcanzado su potencial como ser humano en el tiempo que le ha sido dado, sin intervenciones ilegítimas.

Una de las habilidades más sugerentes de los que acompañan el proceso del final de la vida de sus semejantes es la escucha activa. Es esta escucha la que garantiza un considerado «aligerar» el peso del equipaje de quienes van camino de su final físico, permitiendo sentirse atendidos, comprendidos y queridos a enfermos en situación muy vulnerable. Escuchar así demanda de una persona interesada en lo que el otro le tiene que contar, sin juzgar ni intervenir innecesariamente. También requiere de tiempo y, si no es tiempo en longitud, sí tiempo en profundidad; incluso tiempos cortos llenos de trasfondo en los que poder acoger lo que venga del otro, en su proceso de dejar atrás lo que ya no va a necesitar. Por eso hay que tener una especial actitud, un interés auténtico de entender y atender a quien —ya muy cansado y con pocas fuerzas— no entiende, no conoce la profundidad de su propia misión.

Así, una vez puestos en contacto emisor y receptor, con delicadeza infinita y con la respetuosa solicitud de ayudar, es necesario cuidar el mensaje que se va a transmitir y testificar como depositarios, que lo que vamos a recibir esté lleno de sentido para el que emite, el que cuenta algo para lo que le quedan escasas fuerzas. Dicen los sabios que a los enfermos no les gusta que nos interesemos por su muerte y que solo valoran nuestro esfuerzo cuando nos interesamos por su vida.

Así quedan las narraciones de muchos, deliciosamente referidas en el texto que hoy tiene entre sus manos, acompañados por el autor, juglar del tiempo, juglar de las palabras y las emociones reflejadas en el cuerpo abatido por la enfermedad, pero que aún guarda un espíritu vibrante. En estas condiciones quieren contar su historia, a veces sin saber cómo. De ahí el valor de saber preguntar. Saber preguntar aquello que será la última pregunta necesaria para completar la historia de su vida. Unas vidas con un indiscutible grado de inmortalidad, amén de cuanto queda en el aire, en el espacio compartido, en el recuerdo y en el corazón del que tiene el privilegio de escuchar.

César Cid tiene el indudable prestigio de ser muy buen receptor, además de saber poner por escrito lo que recibe, dejándolo plasmado para que muchos compartamos lo que con tanto esfuerzo le han dejado. Por eso es apetecible la tarea de prologar una obra que recoge la esencia de tantas vidas que han encontrado su final natural con el autor, como testigo de excepción. Particularmente interesante es reparar en la combinación de palabras, conceptos e ideas que nos deja esta obra de la artesanía del cuidar a pecho descubierto, acompañando y poniendo de relieve la importancia de la presencia de un ser humano al lado de otro.

Recogidas en estas bellas historias de acompañamiento de final del viaje vital, encontramos compasión y palabras de despedida; cuestiones definitivas junto con banalidades reconfortantes; pinceladas de verdad mezcladas con miedo y con música; oraciones y silencio; siempre en el contexto del encuentro personal de colores que llegan hasta el negro. Silencios de murallas asfixiantes y deseos de aprender a pintar esos colores para llenar la vida de recuerdos de otros, que quisieron hasta el último momento desgranar sus ilusiones para que tuvieran cabida en las manos del autor. El libro nos deja recuerdos de sonrisas, recuerdos de alegría y de abrazos reconfortantes, mezclados con las lágrimas y con el llanto. Y el zumbido fuerte y potente de las abejas de una colmena que contribuye al desapego, para que así duela un poquito menos.

Quedaría incompleta la obra si no hablara de esperanza, en la incertidumbre expresada siempre desde la sinceridad que lleva a la luz, en un periodo de la vida que en el parece que todo se apaga y que, sin embargo, la presencia del otro ilumina. Nos deja en alguna ocasión con la fuerte impresión de reconocer que la buena asistencia a enfermos que están en el final de su vida llega al pleno abandono en Dios, y es aquí donde nos recuerda que en la vida hay regalos hasta el último momento. Las despedidas tienen forma de lágrimas, de sonrisas... pero siempre de encuentro paradójico en estas situaciones que queremos recoger y que en esta pequeña obra nos ayudan a llegar a un cobijo seguro.

Sorprenderán sin duda los aspectos más contemplativos que nos recuerdan la armonía en la alternabilidad de la relación entre Dios y el hombre. Y sucede precisamente cuando se acompaña a quien sufre al abandonar este mundo por dejar a sus seres queridos, cuando el hombre que se entrega al acompañamiento de otros de la mejor forma posible es capaz de amar sin juzgar, sin exigir. Solo queriendo dar y queriendo darse para ayudar a preparar la última etapa de este viaje.

Es una hermosísima tradición española que la madre o la abuela, matriarca familiar, bese la frente del hijo o nieto que emprende un viaje y, a continuación, le haga discretamente —con cariño y emoción— la señal de la cruz. Es esta obra reflejo y metáfora de todos aquellos a los que César Cid ha acompañado hasta esa última puerta, que ya abría a la eternidad con paso firme pero suave. Les da un abrazo, con el dolor de decir adiós a quien un poco antes no conocía y que, sin embargo, le quiso abrir su alma, su corazón y su mente para hablarle de sus recuerdos más queridos y más importantes, de sus miedos más ocultos. Es esta narrativa la que no se nos permite conocer la espiritualidad, la riqueza espiritual de quien se va.

Agradezco profundamente a César que haya sabido y querido compartir estos momentos preciosos, de gran intimidad, que corresponden a cada uno de los enfermos y al propio autor, que nos ayudan a comprender la riqueza de los últimos momentos de una persona, que saben que el tiempo se acaba y toca hacer la despedida. Son momentos de un enorme riqueza y trascendencia antropológica para los que quedan: familia, profesionales, voluntarios y la sociedad como un todo. Amante de la narrativa, ávida de escuchar y entender a terceros, a esto hacía referencia Cicely Saunders, fundadora del movimiento *Hospice*, cuando afirmaba que la forma como morimos permanece en la memoria de quienes nos amaron.

María Teresa García-Baquero Merino
Médico especialista en Cuidados Paliativos

INTRODUCCIÓN

ientras vivías es el título de esta obra inusual —tanto por su intención como por su formato— que presenta algunas de mis experiencias directas con enfermos al final de la vida. No es la primera vez que escribo a partir del contacto directo con enfermos. Hace dieciocho años inicié un voluntariado de lectura en una clínica concertada. Fue una experiencia maravillosa que duró poco tiempo. Mis compañeros fueron renunciando por la dureza del entorno. Me quedé solo y dejé de leer al pie de las camas.

Descubrí los Cuidados Paliativos y, sin saberlo, emprendí una etapa que ha transformado mi vida. En mi afán por realizar una labor completa, solía escribir al respecto de los encuentros con personas al final de la vida, por temor a olvidar algún detalle. De vez en cuando releo aquellos textos y compruebo como ha cambiado mi visión de la vida y —especialmente— de la muerte desde entonces.

Entre aquellas visitas y lecturas me encontré con Elisabeth Kübler-Ross, Cicely Saunders, Stephen y Ondrea Levine, Bert Hellinger, De Chardin, Jampolsky y muchos otros interesados en el proceso de morir y como este nos afecta durante la vida desde diferentes enfoques y tradiciones.

El último viaje

Los Cuidados Paliativos han logrado ser reconocidos como la respuesta más completa que cabe dar en la actualidad a las necesidades de asistencia cuando no es posible curar y la enfermedad se torna irreversible. Se trata del último viaje, la etapa final en la vida de un enfermo, de su familia y de quienes le asisten en dichos momentos.

En julio de 1967, Cicely Saunders fundó en Londres el *St. Christopher's Hospice*, que se convirtió a partir de entonces en el centro promotor de una nueva forma de comprender y asistir a los enfermos terminales. Había iniciado su contacto con enfermos terminales en el periodo de 1941 a 1958, trabajando como voluntaria en la *St Luke's Home for the Dying Poor*, una casa para moribundos llevada por religiosas en Bayswater, Londres, y de allí pasó a trabajar desde 1958 a 1967 en el *St. Joseph's Hospice* de las Hermanas Irlandesas, también en Londres.

A finales de los setenta fue publicado el libro *Cuidados de la enfermedad maligna terminal*, dirigido por Saunders, que también publicó en 1978 el artículo titulado *Hospice Care* en el *American Jour-*

nal of Medicine. Por último, hay que reseñar la aportación de Cicely Saunders a la medicina patológica y clínica del concepto de dolor total e, incluido en él, el de dolor espiritual.

Elisabeth Kübler-Ross publicó en 1969 el primero y más famoso de todos sus libros: *On Death and Dying (La muerte, un amanecer).* Fue el resultado de su asistencia a los moribundos y de las investigaciones que realizó en base a miles de entrevistas con ellos en hospitales de New York, Colorado y Chicago. Kübler-Ross nació en Zurich en 1926 y siempre estuvo interesada en el mundo espiritual. A partir de 1945 su trabajo se centró en la muerte y el morir.

La obra y su objetivo

La intención de esta obra es contribuir a deshacer el tabú de la muerte, algo fundamental para vivir intensamente hasta el último momento. Como decía la maestra Kübler-Ross, se trata de vivir hasta despedirnos. Quiero destacar la importancia de su trabajo porque aquella personalidad austera y sistemática nunca imaginó que abriría un camino tan necesario al estudiar científicamente la posibilidad de la supervivencia de la consciencia, así como el encuentro con familiares ya difuntos en las postrimerías de la vida. Ella misma vivió una experiencia similar y validó la posibilidad de que la consciencia y el mundo, tal y como se lo había descrito la ciencia médica occidental, no estuvieran encerrados en los límites de un universo mecanicista.

De su trabajo surgieron varios informes que afirmaban que la consciencia de la persona sobrevive a la muerte física. Sin embargo, y por encima de todo, dejaba claro la importancia de perder el miedo a morir, así como la conveniencia de abrirse a la necesidad de que los familiares cercanos a la persona que termina su vida compartan con ella el gran momento. En sus primeras afirmaciones obtuvo muchas críticas, borradas años después por más de una veintena de doctorados *honoris causa* en todo el mundo.

No pretendo especular con la defensa de una eternidad de hipermercado, porque esta no es una obra de autoayuda. Integrar la muerte en la vida supone vivir esta con toda intensidad y dignidad hasta el último momento. Percibo a diario que el miedo a morir impide cerrar la vida desde la libertad. No es fácil dejar morir a alguien a quien amamos. Sin embargo no es la conciencia de su muerte lo que nos separa de ellos. Desde un sentido real la persona está tan viva en el momento de su muerte como lo estuvo en su nacimiento. El miedo y los apegos son los que nos separan.

Me permito usar diferentes personas literarias por absoluta necesidad. En ocasiones actúo como narrador-observador. Otras en primera persona, poniendo palabras a las palabras regaladas en el proceso de acompañamiento, como si hablase el propio enfermo. También hablo a Dios directamente, desde el dolor del hermano que sufre y desde la esperanza compartida. La extensión de los textos es variable porque escribo sin estructura ni visión literaria definida. Si a veces uso el plural es por el sentido comunitario, dado que me acompaña un grupo de voluntarios en días alternos. En ciertos casos aparece el nombre real del enfermo como un recuerdo para sus familias y amigos.

Las historias que vas a leer han alimentado mi vocación, pero los enfermos me han ayudado personalmente a enfocar la vida desde una visión espiritual concreta. Me importa más el fondo que la forma. Cada pieza es una historia escrita durante los momentos posteriores al acompañamiento y ninguna se parece, como ninguna persona es igual a otra. Permitamos que sientan cuanto los amamos y que el propio amor sea el combustible para su último viaje. Gracias a todos los enfermos y a sus familias.

Cuidados Paliativos

Vivimos momentos de clara ambigüedad al respecto de los valores que completan la vida y sus circunstancias. Son momentos de sensibilidad que defien den la humanización de la salud, muy necesarios, que han postulado leyes para mejorar la atención del enfermo y sus familias. Recientemente ha sucedido en la Comunidad de Madrid. Las historias que conforman este libro son fruto de relaciones con enfermos al final de la vida. Todas ellas secundan la importancia de vivir con todas las fuerzas hasta el último aliento, desde la dignidad incontestable de la persona.

Quiero llamar la atención a este respecto sobre el enfoque real de estas leyes y sus matices. He leído definiciones recientes, algo incompletas, sobre qué son los Cuidados Paliativos, precisamente porque apelaban a la atención del sufrimiento y sus síntomas, más que al cuidado integral de la vida desde todos los ámbitos de necesidad. La OMS ha revisado su definición inicial y en la actualidad habla de «enfoque que mejora la calidad de vida de pacientes y familias que se enfrentan a los problemas asociados con enfermedades amenazantes para la vida, a través de la prevención y alivio del sufrimiento por medio de la identificación temprana e impecable evaluación y tratamiento del dolor y otros problemas, físicos, psicológicos y espirituales».

Está muy claro. El mero control de los síntomas no supone practicar cuidados paliativos. La mera cobertura del sufrimiento puede evocar limitaciones urgentes de la vida y otras conjeturas éticas que nada tienen que ver con esto. Aprendí de mis maestras a evitar términos como «terminal» o «desahuciado» y comprobé que en el entorno de los Cuidados Paliativos es en el que menos se habla de muerte, sino de vida. Es la vida y su dignidad lo que acompañamos. Morir bien es cerrar la vida por uno mismo, rodeado de personas respetuosas y tolerantes capaces de escuchar incluso el silencio.

EL AUTOR

"Todos podemos acompañar a morir.
La condición es amar.
¿Te atreves?"

ACOMPAÑAR LA VIDA

Acompañar la intemperie del sufrimiento corresponde a toda persona, que antes ha necesitado tanto ese calor que ahora ofrenda. Solo así es posible mirar el dolor del alma y ver el vacío donde encontrar las respuestas. Y no cabe la huida porque también tú sientes su pérdida, aunque ignores realmente qué es lo que ha perdido.

Creo que para encontrarse hay que perder el miedo a perderse en los otros. Y desde ellos volveremos a vernos, como en un espejo, como Dios nos pensó en la eternidad. El alma escucha y espera nuestra pobre mirada peregrina, que un día libró una batalla inolvidable.

"Necesitamos las palabras del otro, las que nacen exclusivamente para nosotros en la intimidad del encuentro. No importa si mostramos debilidad o nos sentimos ridículos: es el momento que brota en la plenitud".

PALABRA DE COMPASIÓN

Hablar, decir, contar... No siempre interesa el argumento sino el cálido entonar de una voz que serena y calma, que provoca vida y genera sentido. Resuenan en nuestra memoria auditiva las voces que han vestido nuestra vida desde los primeros recuerdos. Y no siempre recordamos lo dicho, sino más bien el porte y la forma de aquellas voces. Su condición de palabra amiga, como mano cercana con la que es posible soñar y sentir las contradicciones de la vida que habitan el alma.

La palabra es el elemento transmisor del alma con la realidad. Da forma simbólica a lo que vivimos y nos hace tomar conciencia. En cierta manera da sentido a la existencia. Las palabras cifran las fronteras y los contrastes. Con la palabras creamos espacios imaginados, reales o no; son camino para llegar al otro, descubrir su humanidad y, desde luego, para llegar a uno mismo. De hecho la palabra indaga la suerte del alma humana hasta hacerle hablar lo que uno mismo tal vez nunca llegó a pensar.

Necesitamos las palabras del otro, las que nacen exclusivamente para nosotros en la intimidad del encuentro. Y no importa si mostramos debilidad o nos sentimos ridículos: es el momento que brota en la plenitud.

"Él y ella, ella y él. El final significó el sentido pleno del amor entre dos personas de largas vidas, en una impresión que nunca olvidaré".

HE VISTO

He visto el amor en su condición más exigente, cuando nada puede parar a la naturaleza y su curso cruel. Les he visto llorar abrazados a un tiempo que no es tiempo ni nada, solo retazos intrépidos de vida fugaz, ajenos a mi mirada y a la causa de su drama inevitable.

Y en sus miradas he visto dos vidas en una, cruzando del sueño a la vigilia en miles de amaneceres vestidos de ilusión y esperanza. He visto el adiós que tanto duele, aunque la fe viaje abrazada a su alma, muy, muy pegada. Y una sonrisa cómplice de lo vivido, que nadie puede ya robarles.

Y he escuchado una nana lenta recién pensada, que mece el corazón de él, tan agotado. Y he visto al mismo amor morir de envidia, celoso de un encuentro incomparable.

"Morir es nacer definitivamente".

NANA DE LA DESPEDIDA

Duérmete, hermano, duérmete. Suspende ya tu miedo atropellado y viértete en el seno del sosiego, ese aledaño al paraíso del que tanto te habló tu madre. Cierra los ojos a esta luz engañosa y febril y disfruta el naufragio de la vida en el manantial que no se agota. Sentirás tu corazón como un pajarillo ruidoso, inquieto por abandonar su jaula, en el camino que has desbrozado con cada acto de amor. Verás que el último regalo es comprender que no es posible vivir sin amor y que amar implica sufrir.

El dolor ha alargado los límites de tu conciencia como un regalo único. Tu alma verá en breve que no hay límites de tiempo y espacio y participará de la sinfonía universal que Dios dirige. Y para el alma el sufrimiento será solo una recuerdo y la promesa más hermosa. Duérmete hermano, que este sueño no depende ya de ti... Tu llanto anónimo riega ya las raíces del mundo y no hay tanto amor aquí como mereces.

"La verdad es el antídoto del miedo".

CARLOS Y EL MIEDO

Me dices que la enfermedad ha destruido tu proyecto vital, que todo lo que conseguiste está destruido. Me pides impresiones y espero que te sirvan. Va: creo que la enfermedad te está hablando para que ahora decidas sobre qué quieres construir tu vida.

Tu proyección vital ha cambiado, simplemente, pero tu vida sigue, y sigue de tu mano. Tu vida no está destruida; simplemente se está abriendo a algo nuevo. Mira, si construyes sobre la esperanza, la enfermedad no puede aniquilarte, hermano. Claro que la enfermedad te interroga sobre el sentido de tu vida, sobre lo que puedes hacer con ella. Se me ocurre que puedes preguntarte qué deseas transmitir con tu vida, qué huella quieres dejar en el mundo. ¿Te das cuenta que desde la enfermedad puedes descubrir valores importantes que antes ni advertías?

El silencio, la música, la oración, los encuentros personales, la naturaleza... La enfermedad puede descubrirte el espacio interior de silencio en el que Dios se relaciona y vive contigo. En ese espacio estás íntegro y a salvo y la enfermedad no puede acceder a él. ¿Entiendes? Lo importante es la manera en que te relacionas con la enfermedad; se trata de un desafío profundo. No está reñido luchar clínicamente contra la enfermedad y aceptarla como vía de acceso al misterio. En la certeza de no poder garantizar tu vida, Dios te dará signos de su presencia real, que no te dejará ni en el momento de la muerte. No tengas miedo.

"Ella prefirió guardar silencio y evitar hablar de la enfermedad con él. Mi osadía consiste ahora en poner en primera persona aquello que él me reveló para su desahogo. Es muy triste pero en ocasiones sucede".

MORIR DE SILENCIO[1]

ste silencio que ahora libera el tumulto de mi corazón cansado se me hace insoportable. He buscado el silencio para vivir con plenitud y ahora me mata más que esta enfermedad cruel. No puedo desatar mi lengua para hablar con ella de mi muerte. Ella sabe que mi vida se agota, pero prefiere fingir que me recuperaré, y esto me destroza el alma. No soy capaz de desmontar su farsa y la alimento por alguna razón que aún no he descubierto. Y pasamos el tiempo jugando a evitar las palabras fatídicas, conscientes del macabro disimulo. Me muero, lo sabe y no puedo decirle nada. Hemos levantado juntos una muralla infranqueable en una comedia muda insoportable. Un silencio cruel, una mentira continuada que niega la vida y la esperanza.

Creo que estoy muriendo de silencio por retener los sentimientos sin transformarlos, permitiendo que se conviertan en veneno mortal. Necesito descubrir el cielo de su mano y mirar con ella las raíces de nuestro amor. Una mano que estrechar y un corazón al que sonreír. No es el tiempo dc vida ni aquello que vivimos, sino la intensidad y el sentido de lo vivido lo que hace madurar el alma. Ahora lo sé. Las tor-

---

1   Voz prestada tras revelación personal.

mentas de la vida envuelven el alma en una capa impermeable, que rechaza el amor del otro y el amor de Dios. Un escondite fabricado con silencios.

Ayúdame a romper esta muralla que me asfixia. Quizá si te acercas, aún en silencio, y lloras conmigo, brotará de tu pecho una sola palabra que libere las mías.

"El tiempo es lo que pasa entre sonrisas y abrazos".

BRUNO

Acaba de ingresar. Llega envuelto en tristeza, desde un caudal de voces inquietas que le aseguran una estancia cómoda y sin dolores. «Verás qué bien estarás aquí»... le espeta su hermana pequeña antes de blandirle un beso de carmín excesivo, que se presume longevo en su vieja cara arrugada.

La confusión se une a la tristeza cuando el trajín de carreras imposibles entre la cama y el baño delata premura, prisa, intención de terminar el proceso que le abandonará a su suerte. Abastecido de productos para el aseo personal, de dulces sin azúcar, provisto de radio, televisión y algunos ejemplares de sopa de letras, nuestro enfermo comprueba que las voces se apagan en adioses fariseos y se queda solo, bien solo. La habitación contiene lo necesario para una estancia digna. Nuestro enfermo lamenta la «huida» de sus radiantes hermanas —él es el mayor y ahora anciano— y siente una tristeza profunda que le encoje el corazón. Su voz, casi extinta, quiso preguntarles cuándo volverían, pero no pudo.

Los recuerdos de su vida brotan como un manantial irregular, a veces de agua fría que le provoca temblores; otras de agua cálida y humeante. El personal sanitario le pone al día sobre los horarios y las pautas a las que será sometido. «Es por su bien», le dicen todos. ¿Qué más se puede pedir? Bruno —a estas alturas debo ponerle nombre y personalizar la historia— desencaja los dedos de su mano derecha con lentitud y usa el pañuelo de papel que escondía en ella. Y rescata una lágrima grande, grande.

Una sola lágrima que puede contener el llanto de unas horas, sin gesticular. Entro en su habitación, me presento y le pido permiso para sentarme. Sonríe levemente y enarca las cejas. Tras un par de frases irrelevantes que se me escapan, me mira a los ojos y me pregunta cuándo me iré. La pregunta me inquieta porque ignoro la razón. No me da tiempo a abrir la boca cuando dice: «es que todo el mundo tiene prisa y a mí lo único que me queda es tiempo». Por supuesto le aseguré que tenía todo el tiempo para él y que mi trabajo consistía en eso, simplemente. Me preguntó mi nombre de nuevo y, tras darme las gracias, me contó la historia del castillo de su pueblo.

A Bruno le quedaban una semanas de vida, pero fue un tiempo que disfrutó plenamente. Y experimentó de nuevo las sensaciones que marcaron su vida, gracias a otras tantas personas que ayudaron a pintar el cuadro de sus recuerdos y a revivir intensamente aquellos momentos. Y murió en paz.

"Porque la muerte no es lo opuesto a la vida, es parte de ella. Porque la esperanza es más que la perspectiva optimista de superar la enfermedad. La esperanza es parte de lo que somos y está profundamente ligada con el sentido de la vida. Y el sentido de la vida no radica en lo que hacemos, sino en lo que somos".

JOSÉ LUIS Y LA ESPERANZA

Llegó con la vida apuntalada por la enfermedad y sobrevivió a su pronóstico para asombro de todos. Superados los noventa —con creces— y la sorpresa —la suya—, nuestro joven gruñón disfrutó la prórroga con el entusiasmo de un niño. Nos regaló algo más de un año de sonrisas desdentadas, de tardes recogidas en los recuerdos más vigorosos.

Viajamos con él desde un rinconcito de su memoria para conocer los lugares que amaba. Imaginamos sus paseos elegantes a ritmo de bolero, en una ciudad resacosa y herida de guerra. Callejones y tranvías con olor a barquillo y aguardiente, testigos de viejas cicatrices y nuevas ilusiones. Acompañamos su nueva vida desde el respeto y la admiración que los mayores merecen. Nos reveló sus pasiones con cuidado, para no desdecirse de la verdad ya lejana.

Compartimos su incertidumbre ocasional y sus oraciones sinceras. Entre tarde y tarde su corazón se fue relajando hasta dejar volar su alma herida —hace unos días—, ansiosa por volver al regazo del Padre. Y nos dejó anclados en su mirada cansada de tanto mirar, malgastada en la nostalgia. Nunca olvidaré sus preguntas retóricas sobre la sociedad actual, que se jactaba de no entender. Nos enseñó esperanza por las cosas pequeñas y por nuestros encuentros, que siempre le parecían breves.

"Tras un zumbido como de colmena abrazó la vida, esa a la que aspiramos sin necesidad de creer en ella ni en quien la provee".

ELÍAS Y LA LUZ

Tu cuerpo se dobla sin contar contigo, hermano. Hoy te he encontrado en posición fetal, más dolorido que nunca y callado, muy callado. Y tu silencio, extraño invitado entre nosotros, me interpela más que tus miedos, revelados antaño entre paseos y encuentros fugaces. Y sí, la cara es el espejo del alma. La tuya muestra hoy las heridas que la vida te ha infligido, sin necesidad de abrir los ojos. Cuántas veces te he visto asentir sin palabras, bajando la cabeza y sonriendo, juntando las manos en una breve inclinación de costumbre oriental, que tus genes arrastran, confiado en un mañana menos doloroso que este hoy puñetero y difícil.

Siento que se te va la vida por momentos y poco puedo hacer para ayudarte, salvo orar contigo, así, en silencio. Porque las oraciones no se arrugan ni se doblan, como nosotros. Fluyen intactas hasta el Eterno, especialmente cuando brotan del dolor y el sufrimiento. Nuestra memoria reciente está iluminada por tus sabios relatos de aquellas tierras lejanas que te vieron nacer. Así, abatido, estás más cerca de Jesús que nunca, querido hermano. Ahora que tu corazón se rompe puedes experimentar su amor como un torrente. Su amor te convierte en la persona más importante del mundo porque representas sus mejores atributos. Dios se ve a sí mismo en ti esta noche. Tu vida ha sido una búsqueda para encontrarlo, una aventura maravillosa que hemos tenido la suerte de compartir contigo. Hasta siempre, hermano.

"Te abandonaste al amor y nos dejaste un recuerdo imborrable, querida amiga".

ESPERANZA Y EL DESAPEGO

L legó a nosotros a pesar de un pronóstico incontestable, formulado desde la congruente razón empírica, que pone nombre hasta a aquello que ignora. El mismo pronóstico que puso límite inminente a su vida y que ella ha soterrado, como una vía muerta que recuerda viajes de ida y vuelta que solo la memoria puede rescatar. Puso su corazón en el de Dios y miró a María para vertebrar un sí tan elocuente como el de la madre del mundo. Y confió. Tanto que recuperó tono vital y su peculiar sentido del humor, tan insultante como infrecuente, dado su estado de salud.

Nos regaló un testimonio luminoso, que es puro bálsamo para cualquier enfermo y lección inconmensurable para los sanos —si es que es posible estarlo—. Y sonríe, revelando que es ella más que nunca, que sostiene su existencia desde la esperanza auténtica que salva al hombre. Por cierto que al hilo del verbo salvar, revelamos a veces algunos prejuicios. Sin embargo, si de algo nos salva Dios es de nuestro propio ego y de su consecuencias: los miedos. Esperanza está a salvo de cualquier prejuicio porque vive este momento con intensidad y naturalidad.

Dice sentir como Dios le acaricia y como María la acurruca. Según algunos científicos podría tratarse de sugestión o cualquier fenómeno bioquímico explicable. Para quienes la conocemos y asistimos a enfermos al final de la vida se llama «abandono en Dios». Tal vez es hora de decir al mundo que la vida tiene sentido desde el amor, que por fortuna aún no ha sido medido en laboratorio.

Amor desde el amor primigenio, capaz de dar vida y de sostenerla en la fe. Tras largas conversaciones con ella brota en mí una frase, que siento como un secreto que ella comparte conmigo en silencio: «No te olvides de vivir». ¿Cuánto tiempo necesitamos para descubrir lo que de verdad importa? Esperanza espera desde la certeza del amor que ya ha saboreado. Nadie como ella para describir la verdadera vida. Nadie como nosotros para dar gracias por tanta verdad revelada.

Cuando retomo este texto para su publicación se cumple un año de su muerte. Aún creo que podré verla en su habitación, ofreciéndome sus manos para caminar juntos, aunque su cuerpo no soportaba ya tanto deterioro. Nunca olvidaré sus abrazos y sus besos. Te quiero Esperanza.

"Recibir amor de quien sufre es un regalo que no merecemos".

TARDE DE REYES
(MI REGALO ERES TÚ)

He comenzado mi jornada de hoy pensando en la ilusión de una noche que, cada año, nos reconcilia con el niño que fuimos, sin prejuicios ya por lo que anhelamos —tanto...— y que finalmente no pudo ser. Y los recuerdos brotan encadenados entre cierta nostalgia y un regusto a dulces y frutas escarchadas, desde la inquietud por ver siquiera la sombra de uno de los magos, desde una esquina de tu habitación. Y la magia —en esta magia sí creo— estaba en la sonrisa sincera de nuestras madres, en el abrazo presuroso de los hermanos y el olor a leche caliente, barnizada de cacao instantáneo, en el ritual de desenvolver tu regalo apresuradamente, para encontrar aquello con lo que habías soñado apretando mucho los ojos... Y entre visita y visita me he encontrado esta tarde —prematuramente— con mi verdadero regalo de Reyes. Visitaba a una enferma invidente muy querida, Mercedes, que rompió a llorar nada más reconocerme.

Cogió mis manos para preguntarme si tenía ilusión por esta noche, si esperaba recibir muchos regalos. No necesité preguntarle por la razón de su llanto, porque me lo dijeron sus lágrimas. Y la abracé fuerte para decirle: «mi regalo eres tú». Y no pude continuar forzando palabras imposibles. Me despedí de ella y me llevé sus lágrimas conmigo. Y es la razón que me ha invitado a escribir esta tarde de Reyes.

No me dijo cuánto hubiera agradecido la visita de sus hijos y nietos. Ni siquiera cuánto necesitaba sus sonrisas, sus abrazos y sus palabras. Y por supuesto creo que nunca pensó en regalo alguno, eso seguro.

Y a vosotros, lectores, quiero deciros que envolváis vuestra vida en humanidad para regalar sin miedo lo que sois, que es mucho más que un perfume caro o un *smartphone*. Que gastéis esta noche los abrazos, hasta que os fallen las fuerzas... Y llorad como yo esta tarde, como un tonto perdido, incapaz de entender de qué va la era de la hipercomunicación si no somos capaces de reconocer lo verdaderamente importante. Esta noche, sé tú el regalo.

"Silencio. Silencio para meditar, para contemplar, para amar como solo ama el amor. Todas las formas de silencio coronadas desde el corazón son fruto y generan fruto para la vida en el otro sin necesidad de palabras".

PALABRAS DE SILENCIO

No fue capaz de articular palabra en las últimas horas. Ayer nos miraba con expectación, ya sin la angustia que trajo pegada a su alma. Sus ojos nos respondían con silencio, mientras las caricias de mi compañera facilitaban su descanso, poco a poco. Creo que asintió ante nuestras palabras y puede que se hiciera cargo del momento existencial que vivía.

Las dejé en la intimidad del final, sin necesidad de confidencias forzadas, fundidas en la finalidad que las manos persiguen al unirse. Sus miradas se encontraron en la sobremesa de su vida, desnudas sus almas hasta escucharse sin palabras. Era realmente lo que ella necesitaba para viajar. Qué distinto es hablar que contar... Podemos articular mil discursos inútiles, pero ni una palabra se pierde si la contamos con disposición del corazón.

Carmen se encontró con la mirada disponible de un alma dispuesta al afecto, a la atención plena, a la compasión pura. Y en el silencio Carmen encontró la hospitalidad que te devuelve a la infancia, como cobijo seguro. Escuchar es responder en silencio, desde este vivir acomplejado y taciturno. Desde esta lado de la vida te despedimos, deseándote la paz del amado en tu corazón, ya eterno.

"Estoy contigo para que tus preguntas descaradas vuelen hasta el cielo, y esperaré a que regresen vestidas de nube refrescante".

LLORAR EL MAR CONTIGO

Estoy dispuesto a enfrentarme a mis miedos con tal de disipar los tuyos, haciéndome presencia humilde desde la voz de quien me convoca. Estoy preparado para llorar contigo un mar salado y empujar las olas que encallaron tu vida. Estoy decidido a acompañarte en silencio para que tu voz dolorida suene tanto como quieras y necesites. Estoy dispuesto a pasear contigo bajo la lluvia y mojarme el corazón con tus penas.

Quisiera preservar del mundo tu escondite, si te escondes. Para resoplar contigo cuando el dolor amartilla tu ser, como resoplan los ángeles. Estoy dispuesto a pintar la culpa de colores para que juegues con ella como con una pelota ligera y la lances lejos de tu vida.

Y quiero ser presencia en tu dolor para que el amor habite en él y lo transforme, como Él transformó el mundo desde un madero. Y que su luz te envuelva suavemente, para volver a verte sonriendo, muy lejos ya del ruido de este mundo, del frío, del dolor y el desconsuelo. Hoy quiero ser presencia solamente. Ser presencia contigo, hermano. Y orar en silencio, así, abrazados.

"Quisiera, quisiera, quisiera".

QUISIERA

Quisiera saber por qué finges dormir cuando abro la puerta de tu habitación. Tus párpados cerrados y temblorosos te delatan. Creo que has experimentado tantas ausencias, que ya no eres capaz de compartir nada con nadie. Ni siquiera una sonrisa.

Quisiera saber tus secretos para vestirlos de esperanza y verte sonreír; o escuchar un simple sonido de tu boca y devolverte un gesto sincero. Extraviado de la vida, la muerte te convoca ahora y te has encerrado en recuerdos lacerantes. Has perdido todo y durante tiempo preferiste imaginar que algún día volverían para abrazarte. Sigo aquí, pegado a la puerta, del lado de la vida —tecnificada y egoísta—, expuesto sin saberlo a las miradas curiosas de compañeros y extraños.

Quisiera descubrir la manera de llegar a ti y acompañarte en silencio; que me permitas unos minutos de consuelo para tu corazón acorazado.

Quisiera transmitirte que tu verdadera vida no ha empezado. Que tras una camino de polvo y soledad, encontrarás un valle florido y hermoso.

Quisiera descubrirte las barreras irrisorias de tu miedo, mientras descanso la mano de una presión tan absurda. Lo intentaré más tarde. Entre tanto oraré para que descubras la ternura de Dios y te libere del verdugo de la carne en pos de tu parte divina.

"Ya no hay nada que probar, ni que medir. Acoger el amor y amar como Él ama; sin preguntas".

CONTEMPLAR LA VIDA Y SU MISTERIO

Ante el dolor silencioso y entregado de un enfermo, brota un oleada de paz indescriptible que nos revela la autenticidad del amor que la contemplación nos brinda. La pequeña habitación es un micromundo de cuatro paredes decorado con miedos.

Cuidadosamente, la plegaria da forma exacta a la palabra justa que engendra paz y sosiego. Desde nuestras pobres miradas comprobamos la fuerza del amor que su esposo, anciano y cansado, evoca desde su mano estrechada y calurosa. Unidos en el espíritu sentimos la ayuda y voluntad divinas que asisten en el silencio, con discreción y respeto.

Armonía entre el mundo y la eternidad, entre Dios y el hombre. Con los ojos cerrados ora ya sin palabras, contenida. Creo que ha cambiado el miedo por la expectación y siento su corazón tocado por la plegaria. Y creo que empieza a soltarse. El camino no está donde nos lo indican, sino en nuestro corazón, cuando deja de resistirse a los anclajes mundanos. Una lágrima tímida invita a las nuestras, para bañar de emociones el regalo de acompañar cada día. Cada vez estoy más seguro de que el final de la vida está bañado de Dios, para el que se va y para el que acompaña.

"No es momento de comprender, es momento de soltar y de abrirse".

BUEN VIAJE, HERMANO

Se desprendió de recuerdos dolorosos con una leve sonrisa, apenas un ligero movimiento ascendente en la comisura de los labios. Un parpadeo firme y decisivo me confirmó después que iniciaba la partida. Y sentí que aceptaba mi presencia inmerecida sin dudarlo, con una certeza rotunda.

Recogí su mano derecha, coloreada caprichosamente durante la última batalla, entre las mías. Y cerré lo ojos como él, para invocar con respeto al amor que ya habita en su alma, ahora grial sagrado que contiene la savia de la vida. Envuelto él en silencio sublime, sentí su abandono lentamente y supe, sin mirarlo, que lloraba. Suspendido el pensamiento, las lágrimas purificaron su cuerpo de todo sufrimiento, en una turbación desconocida que libera el ser de toda atadura.

Un llanto necesario para el viaje, que aligera el peso de la fatiga y la gravedad. Es como si el agua de sus lágrimas renovase la fragilidad en fortaleza, desenredando así los vínculos con el mundo. Tras un leve espasmo, sentí su mano liberada de tensión entre las mías. Se soltó de la vida en un instante, envuelto en una paz indescriptible.

"Porque es tanto el amor que se derrama que solo el alma es capaz de acogerlo".

HASTA SIEMPRE, JUANITA

oy has desandado la vida de un tirón, sin ayuda de nadie, con ese talante tuyo de dignidad impenetrable. La osada luz de la mañana me enseñó tu rostro tenso y agotado; y un hilo de tu voz, antes serena y pacífica, cosido sin miedo al miedo, una vez más revelado en el silencio, amiga.

Unas gotas de agua han iniciado el manantial vivo que devuelve la vida. Mientras escribo sé de tu muerte y doy gracias por todo el tiempo que nos regalaste. Recordaré siempre tu sonrisa humilde y tu presencia educada. Nos dejas el buen sabor de tu compañía. Has vivido este tiempo mirando a otro lado, como si no fuera contigo. Y, desde el respeto, hemos aprendido que cada persona vive a su manera la urgencia de lo imprevisible. Seguiremos caminando despacio, como lo hacíamos a tu lado cada día, orgullosos de tu amistad y de nuestra fe. Hasta siempre, Juanita.

"Hay tanta vida en el silencio que
precede a la muerte..."

HASTA LA LUZ

Quisiera iluminar tus miedos esta noche para acompañar las primeras luces que te esperan. Planear contigo sobre nubes caprichosas y recordar juntos el olor a chocolate caliente en las tardes de invierno. Descuidarnos de la lluvia hasta empaparnos como entonces, para temblar después junto al fuego.

Empujar la vieja moto hasta escuchar ese sonido envejecido que nos hacía reír tanto. Y correr como locos el cauce del río hasta agotarnos. Tu vida huye ahora como un grito en el viento y me angustia comprobar que ya no me reconoces y no tengo voz para decirte, hermano, ni adiós siquiera.

Mi corazón sufre como el tuyo y quisiera saber cantar para que el camino te resulte más agradable. Si Dios permite que sientas mi pena, sabrás que llevas buena parte de mi ser en este viaje, como semilla de caridad fraterna.

"Nadie nos enseña a morir porque nadie sabe hacerlo. La vida es una vigilia descuidada y necesitamos experimentar el desapego, la ausencia y el silencio".

TRISTEZA Y CULPA

Tuve miedo de no quererte lo suficiente y comprobé que la felicidad se alejaba siempre que me parecía abordarla. Me precipité con ilusiones informes y supe que no me correspondían. Me reconozco ahora en el eco de tus reproches, aunque es tarde. Me dejé alcanzar por recuerdos angustiosos que me mordieron los talones.

Escuché la voz de los remordimientos, coro infame y vengativo, y volví la vista hasta perderla. Y aquí, en esta encrucijada, intento interpretar las señales de mi existencia. La tristeza acaba de venir y pretende sermonearme sobre la vida. No pienso escucharla.

Entretanto sigo mirando arriba, esperando que brote una música de fondo para ponerle palabras pasajeras. Pero no estoy seguro. Desde aquí no puedo ver el cielo. Será que lo ha ocultado mi tristeza.

El final de la vida es un entorno emocional muy intenso. La culpa florece con extrema facilidad cuando la muerte se acerca.

"Orar es aceptar sin comprender el misterio desde la experiencia que Dios brinda en el drama del hombre. Orar para cerrar las páginas de la vida, para borrar las horas amargas y agradecer cada minuto de vida".

ORAR EN LA TORMENTA

El viento que arrastra tu pena azota con fuerza esta tarde, querido hermano. Siento la plenitud de la vida en el peso de tu brazo sobre el mío. Una infancia difícil y triste que la memoria sepulta hoy a la fuerza. Y con voz de niño me preguntas si Dios estará esperándote en la vieja estación, aquella que recuerda todavía los sonidos de tu pequeño silbato. No pudiste ser ferroviario ni tren, lo que más amabas.

Sonreías imaginando ser una máquina de vapor, escupiendo una estela blanca enorme mientras inventabas un soplido mecánico largo y agudo. Y con la voz grave que fuerzan los niños gritabas: «¡Pasajeros al tren!»

Merodeas ahora la esperanza desde una tristeza valiente, comprometida en su propia transformación. Hoy he abierto tu nota, tal y como la preparaste para este momento. Siento mis manos varadas intentando desdoblarla, agitado por leerla. Y, tras hacerlo, me siento solo a pesar de tu brazo casi frío, lejos ya de tu presencia, de lo que fuiste. Prometo guardar tus palabras en mi corazón y recordarlas cada vez que me invada la tristeza. Y orar como me pides, con la inocencia de un niño.

"Amar es viajar su vida, sin miedo a los accidentes. El amor consuela solamente si has amado".

SU MIRADA

Has amado su forma de mirar y hoy solo quieres hablarnos de ella. La amaste tanto —dices— que no te quedan grietas que cerrar ni cicatrices que curar. Que de tanto arrancar sentimientos, no quedan ya raíces en tu corazón. Solo existe oscuridad, que es impar porque no tiene igual y nadie quiere parecerse a ella.

Amigo querido, aprendemos tarde a amar como se debe: mucho y despacio. Y atragantados de farsa y mugre nos miramos sin vernos, esperando del otro el premio que no merecemos. Y eso no es amar, no lo es. Su mirada traspasó tus párpados hasta habitarte, como si fuera ella misma. Su sonrisa despertaba tu alegría de vivir.

Y por sus besos renunciabas a respirar. Ella está donde se es para siempre, que no es lugar alguno ni falta que le hace. Y desde allí seguirá inspirando tus sueños hasta que vuelvas a abrazarla para siempre, hasta que os lloréis tanto como Dios permita.

"¿Y si todo este ruido que embota mis sentidos me impidiese oírle? Vivimos las cosas del mundo mientras se nos niegan las cosas secretas".

EL SILENCIO DE DIOS

Dios calla, y su silencio no es el de la noche, ni el de la respuesta negada; tampoco el de la ofensa que al parecer otorga no sé qué... Temo que sea su único lenguaje posible, y esta hora insostenible necesita respuestas, no silencio. Si al menos me hablase como a Job, solemne y hierático, podría negarle como tantos lo hacen, probablemente porque es lo más cómodo. Pero ayer mismo le vi sellar una vida larga y ajada, arropada en la plegaria modesta.

Temo ahora que su palabra sea más una acción que una enseñanza y que no tengo derecho a confidencia alguna con Él. Quizá el propio silencio sea la oralidad de Dios y yo, esclavo del momento, necesito la redención sumisa de las palabras en una sed que no puede ser saciada. ¿Es la soledad del hombre que prolonga una búsqueda interminable desde una rancia certidumbre? Sí, yo sé que el camino no es un medio ni un recurso para alcanzar un fin, lo sé.

Que el camino es el propio destino donde renunciar a uno mismo, exhausto de vivir... Pero hoy me afano en hablar con alguien de esta soledad presurosa, y me hubiera gustado escucharte un rato Señor. «Aunque le hablara yo y Él me respondiese, no osaría creer que había oído mi voz» (Job 9, 16).

"Despierta hermano, que esa piedra de culpa no es tuya ni es mía. Que hay muchas maneras de contar la misma historia".

DE AZUL CONSUELO

Colorea ya tu fiebre para que el último sudor te adorne el alma de azul consuelo. Para que Dios te reciba engalanado de amor, como a Él tanto le gusta. Yo voy a estar vivo en tu dolor, alineado a tu pena, sin querer saber nada que no quieras decirme.

Haré mío tu dolor para que no te duela tanto; para que la angustia dé la vuelta y se lo piense. Y cuando tu corazón tenga ganas de llorar, cantaré bajito para que el camino te resulte agradable. Y clamaré a Dios su infinita misericordia.

"Durante situaciones placenteras, el tiempo vuela. Ante circunstancias difíciles, el reloj se embarra y parece inmóvil".

RAÚL Y EL TIEMPO

Acompañar al final de la vida te somete a una inevitable vulneración del tiempo respecto de la cotidianidad. Cualquier experiencia vital exige de nosotros una sensación temporal propia, siempre subjetiva.

Ante la vida del otro en situación final, el tiempo ejerce de maestro de ceremonias y añade intensidad emotiva de manera incontrolada. Quizá porque las cuestiones reveladas son perlas existenciales de incalculable valor, la relación con el enfermo es una experiencia vertiginosa y trepidante.

Conocí a Raúl unos días antes de morir. Sin embargo me gratificó la sensación de haber compartido con él momentos esenciales de su vida. Lo acompañé a suavizar las costuras de su existencia con respeto y me permitió firmar algún momento de sonrisas sinceras. Recorrimos juntos algunos caminos de su memoria, reviviendo situaciones apasionantes. Me confirmó un amistad irrenunciable, compartida a base de sueños satisfechos.

Me regaló sus miedos nuevos y los ablandamos juntos, suspirando. Raúl elevó su alma y abandonó el espacio que habitaba, hacia el lugar que no es lugar. Salió del tiempo aquí medido y me regaló una década de emociones, vivida en unos pocos días mal contados. Eternamente agradecido.

"El dolor está en cada encrucijada de la vida y espera el momento para encarnar en nosotros —en todos— descaradamente, porque ha de hacerlo. Porque es natural".

EL DOLOR Y NOSOTROS

Como la rebeldía del principio, tan propia como absurda... O cuando invocamos la felicidad pasada, esa que no volverá. La opción es mirar el dolor y escucharnos. Él y nosotros, nosotros y él. Escucharlo y mirarnos hasta hacernos uno y aceptar los cambios para transformarlos en oportunidades.

En el principio de la relación hablamos lenguajes distintos. Con el tiempo podemos reconocer las circunstancias que provocaron nuestro sufrimiento. No importa si duele el cuerpo o el alma; conviene descifrar los códigos y averiguar los designios ocultos, revelados solo en nuestro interior.

Si el dolor es inevitable y el sufrimiento opcional es por la capacidad transformadora que el propio dolor invoca en nosotros. Es el corazón quien decide pactar una aceptación sana. Y solo entonces vemos que el sufrimiento está en las entrañas de nuestra existencia.

Tras una impetuosa tormenta sale el sol. El paso del dolor puede limpiar nuestra existencia, como el agua del río lava las piedras; o arrancarlo todo, como el viento que arrasa a su paso. Aceptar el dolor es sumarse al coro de la humanidad.

"He sentido su silencio como mío,
aferrado a sus miedos y a preguntas
sin respuesta".

TE DEBO UNA SONRISA

He tenido ganas de llorar mientras rezábamos, incapaz de parar sus manos temblorosas, mientras ella temía hacerme daño con el movimiento incontrolado. «Hay vidas a las que nada interrumpe y, mírame a mí —me dice— se me ha parado todo menos las manos. Pero sobrevivo a esta jungla. Esto es lo que hay».

Me ha contado un montón de cosas de su vida como a un amigo íntimo y siento un gran agradecimiento. He revivido con ella esta tarde cada una de sus heridas y su dolor inevitable, y cada emoción que un viaje o un encuentro le han procurado. La admiro porque, postrada e inmóvil, da vida con cada palabra y advierte que cada instante tiene un sentido, un valor, un compromiso.

He hablado poco porque necesitaba escuchar su historia y comprobar que la vida se mide por su intensidad y no por el tiempo discurrido. Después de cuarenta minutos me ha pedido que me quedara con ella hasta el regreso de su madre, para decirle en mi presencia que se fuera a dormir a casa, que ella podría estar sola durante la noche.

La madre, emocionada, suspiró en silencio y prometió hablarlo con ella. Impresionado por tanto amor, creo que vivir es temer la vida en sí misma y vivirla a bocanadas, aunque nunca superemos la pendiente. Me despedí de ambas y temo que tantas emociones no me han permitido sonreír. O eso creo. Les debo una sonrisa y un millón gracias.

"Sentiremos la piel de las palabras sinceras, suave y cálida. Sin tiempo, sin miedo, sin prisa".

MAÑANA

Has puesto tu alma en remojo esta tarde beige, de otoño tímido. Verás que la noche aplaca tu miedo en silencio a pesar de la oscuridad, porque estaré a tu lado. Voy a perderme de tu mano en el desierto y saborearemos juntos los dátiles más melosos.

Volaremos juntos más allá de esta tierra firme que ya no te sostiene, como náufragos del tiempo y el espacio, rozando mil jardines con los dedos. Mudaremos los ojos a un lugar donde ni siquiera el agua se corrompe, a un andén circular sin principio ni fin para viajes interminables.

Sentirás que tus últimos latidos atarán nuestros corazones para siempre, como te colgabas del cuello de mamá como un apéndice de su espalda pequeña. Y notarás que nuestros sueños ya están a salvo y que nada está perdido si hay amor. Y es de amor que Dios hizo tu presencia, rescatándonos a todos entre tu vida y su eternidad. Mañana miraré al cielo para ver tu ojos y cerraré la maleta de los poemas.

"Su mirada cansada le permitía a veces fijarse en pequeños detalles, que vestían nuestro encuentro de fraternidad".

HASTA SIEMPRE, INOCENTA

Por alguna razón, ciertos nombres revelan la verdadera condición de las personas. Ella nos descubrió que el amor verdadero no hace ruido. Fatigada de tanta vida, recordaba con entusiasmo y detalles las duras circunstancias de una guerra cruel entre hermanos.

En el crisol de los recuerdos moderaba aquellos momentos difíciles y me contaba despacio como perdió a quienes tanto quería. Su mirada cansada le permitía a veces fijarse en pequeños detalles que vestían nuestro encuentro de fraternidad. Esperaba mi visita aunque a veces no recordaba mi nombre. Y, sin palabras, me mostraba sus manos, pequeñas y frías, de tacto sincero y amoroso.

Su corazón se paró más tarde que pronto y se llevó el desvelo de una mujer enorme y pequeña, capaz de amar sin miedo durante (casi) un siglo. Y de improviso siento sus manos frías otra vez, en el recuerdo de su gesto dulce por el calor de las mías. Y su sonrisa dócil dirigida al cielo, cansada de vivirlo casi todo. Hasta siempre, Inocenta.

"Enfermó ella y aprendió él a vivir el proceso sin controlarlo, desde la presencia auténtica y amorosa que no sabe de manipulaciones".

ESTOY TARDANDO

Cuidó su olvido tanto como su vida, sin importarle los gestos indolentes, tan inocentes como crueles. Compañero fiel durante sesenta largos años, cuidó de ella noche y día hasta que la enfermedad suspendió el tiempo y lo sumergió en la separación y el miedo que esta acarrea. La débil seguridad del hogar se rompió de repente. Acudió diariamente a la residencia para proteger el recuerdo de lo vivido, ahora que ella ignora cuanto lo amó. Entretanto enfermó él, y la vida lo privó de toda esperanza.

Llegó a nosotros para restaurar su corazón de tanto esfuerzo y el corazón de ella dejó de latir en la distancia, como una curiosa revelación de eternidad. Me reveló con sinceridad la serenidad de su alma y me aseguró que estaba preparado para reunirse con ella. Descubrí en sus palabras la intimidad de dos vidas entregadas hasta el extremo. En su transformación habla el amor verdadero y en sus gestos la inevitable impermanencia de la vida. Tumbado del costado izquierdo para facilitar el curso del oxígeno que necesita, me dice con dificultad que la siente a su lado y que no tiene miedo, que está deseando reunirse con ella. Estoy tardando..., me dice.

Reconozco que sus palabras me emocionaron y le agradecí su confianza. Su testimonio prueba que la muerte y el morir no son un fracaso. Que vivir el morir es intimar con la creación y sentirnos vivos y despiertos mientras vivimos. Y que Dios alimenta de gracia la impermanencia, en un momento insepara-ble y paradójico. Gracias por la lección hermano.

"Nadie nos enseña a morir porque nadie sabe hacerlo. La vida es por ello una vigilia descuidada y necesitamos experimentar el desapego, la ausencia y el silencio".

BRINDAR AMOR

He sentido hoy como tu corazón de madre se resistía a dejar de latir, en un grito mudo y consistente. Y así prolongar el proceso inevitable, anclada en el amor temeroso del tiempo que se agota, desde la esperanza de habitar después de la tormenta. Tu vida comprendió su finalidad mientras el temblor recurrente de tus labios marcaba el ritmo de tus miedos. Creo que las rosas cerradas temen abrirse en soledad.

Cuesta tanto soltar y seguir la corriente... como a un niño abandonar sus juegos, desde el presagio que marcan ciertos gestos de los adultos en un momento crítico. Hemos orado contigo; orar es aceptar sin comprender el misterio desde la experiencia que Dios brinda en el drama del hombre. Orar para cerrar las páginas de la vida, para borrar las horas amargas y agradecer cada minuto de vida. Mereces ya la aurora eterna, hermana. Recuérdanos en ese amor que tanto has brindado.

"Quisiera compartir algunos momentos de tu vida, ahora que transitas el epílogo".

EPÍLOGO

Hoy quiero probar tu sueños, como quien saborea el último abrazo de su madre. Visitar contigo aquel castillo de arena que creaste, que bien pudo habitar una reina soberbia y vanidosa. Y volver a recorrer la orilla del río de tu infancia en aquella vieja bici, asido al sillín que nunca usabas porque preferías montar de pie, como los chicos.

Y descansar cada tramo, suspirando despacio mientras sonríes, por una gota de sudor que moja tus labios con recuerdos a mar, salado y bravo. Y jugar a la gallina ciega con los ojos cubiertos por tu inocencia. Enséñame a vivir como tú sabes, que el sol huye ya despavorido y hoy no sé si es tarde o se me hace. Que prefiero no ver la luna en esta noche incierta y puñetera.

AGRADECIMIENTOS

Gracias a mi gran familia, especialmente a Leonor y a mis hijos. Con todos practico el sano ejercicio de aprender a vivir y reconozco que debo aplicarme cada vez un poco más. Os quiero.

Gracias a D. Justo Bermejo, de quien aprendí a servir sin condiciones.

Gracias a Gema Gómez, Mariana Matei, Susana Rubio y al resto de compañeros de la unidad de Cuidados Paliativos. Sin vosotros no hubiera podido franquear tanto sufrimiento.

Gracias a Florencio Hernangil, Tomás Sanz y Florencio Rey por vuestro servicio incondicional a los enfermos.

Gracias a Javier Palacio, Teo Rubio, Suso Castejón, Nacho Ortiz y Jorge Dompablo por ser modelos de mi vocación.

Gracias a todos mis compañeros voluntarios que en algún momento me han acompañado en este camino.

Gracias a Teresa García-Baquero por acogerme y enseñarme a cuidar las vidas rotas por la enfermedad y el sufrimiento... Nunca aprenderé bastante de ti.

Gracias a mis compañeros de la Red de Formación de Paliativos de Madrid.

Y un agradecimiento muy especial a mi editora, Marta Prieto, que creyó en mis locuras desde el primer momento.

César Cid

Profesional de los medios (radio, TV e Internet). Diácono. *Counselor* especializado en duelo y atención espiritual al final de la vida. Licenciado en Ciencias Religiosas. Experto en Cuidados Paliativos. Coordina la atención espiritual en la Unidad de Cuidados Paliativos de la clínica Hestia de Madrid.